Marte KIND / Petra LUPE

Und wer bist du? fragte das Menschenkind

Gedanken und Bilder zum Leben

ISBN 978-3-902952-43-1
www.bayerverlag.at

1.Auflage im Bayer Verlag 2016

Grafikdesign: Birgitt Müller, studio@eigenbrot.at
Gedruckt bei Plöchl Druck GmbH in Freistadt

Auf ein Wort . . .

Worte und Bilder bringen die Seele zum Klingen. Sie versetzen unser Innerstes in Schwingung, können uns berühren, nähren, an- und aufregen, aber auch abstoßen. Sie können uns auffordern, über uns selber und unser Leben nachzudenken.
Das vorliegende Buch versteht sich als Impuls in Wort und Bild, der in uns ankommen und etwas bewegen möchte.
Sie, liebe Leserin, lieber Leser, sind eingeladen, die Bilder zu betrachten, ihnen Raum zu geben, ihnen nachzuspüren. Tauchen Sie ein in die vielen Facetten des Lebens und kommen Sie – gemeinsam mit dem Menschenkind – mit ihnen ins Gespräch.
Mit der Liebe, zum Beispiel, oder mit der Bereicherung. Mit dem Vertrauen, der Verantwortung, aber auch mit dem Schmerz. Mit der Gier und mit der Angst. Mit dem ersten und dem zweiten Blick, und mit vielen anderen.

Danke sagen wir jenen, die uns mit ihrer fachlichen Kompetenz, aber vor allem mit ihrer Zeit und Geduld unterstützt haben. Mit ihrer Hilfe war es möglich, unser Herzensprojekt gelingen zu lassen: Birgitt (www.eigenbrot.at), Konrad (www.konradneubauer.at), Sarah (sarahkrennbauer.github.io/tinytext), Simone (Porträtfotos), Harald

Die Vielfalt

***„Und wer bist du?“,
fragte das Menschenkind.***

„Ich bins, die Vielfalt!“, ertönte eine fröhliche Stimme, die in ihrer Buntheit eine unendliche Fülle erahnen ließ.

„Du klingst glücklich“, sagte das Menschenkind. „Das bin ich. Aber…“ Die Vielfalt wurde ernst und wählte sorgfältig ihre Worte: „Ich sorge mich der Menschen wegen. Das Universum trägt eine Fülle von Unterschiedlichkeiten. Allein der Mensch braucht Worte dafür. Worte wie Toleranz und Akzeptanz. Vielfalt bei ihm hat ein Aber und ein Trotzdem.“ Das Menschenkind verstand nicht: „Ich dachte, Toleranz und Akzeptanz wären gut…“ „Dort wohl nicht, wo sie Gleichwertigkeit und Selbstverständlichkeit ersetzen!“, rief zornig die Vielfalt.

Angestrengt dachte das Menschenkind nach. „Der Mensch sieht sich über den Pflanzen und Tieren“, sinnierte es, „und manch einer sieht sich über Seinesgleichen…“ Verstohlen winkte es die Vielfalt zu sich, bevor es mit gedämpfter Stimme weitersprach: „Manch einer meint, er wäre das Maß…“ Weiter kam es nicht.

Die Vielfalt bäumte sich hoch auf. Ihre Augen blitzten. Die Mundwinkel bebten. Sie rang um Fassung. Vergeblich. Sie prustete los und begann haltlos zu lachen. Es war ein plötzliches, großes, wunderbares Lachen, das alles Frohe und Gute des ganzen Universums in sich zu vereinen schien: das Girren und Zirpen und Brummen und Summen von Myriaden von Insekten, das Glucksen und Plätschern und Schwänzeln und Tänzeln aller Wassertiere, das fröhliche Piepen, Zwitschern, Gackern, Krächzen, Schreien des Getiers der Lüfte, und dazu alle nur erdenklichen Schattierungen an lustvollen Lauten, die Landtiere hervorbringen konnten und jemals in der Zeit hervorgebracht hatten. Sie versprühte Tränen vor Lachen, und Wind und Regen, Blitz und Donner standen ihr zur Seite und gaben ihrem Lachen jene wundervolle Farbe, die Himmel und Erde zum Klingen brachte. Das Menschenkind konnte nicht anders, als einzustimmen mit seinem kleinen Menschenlachen, bis das Gesicht rot und die Augen wässrig waren. Endlich fragte es atemlos, mit hitzigem Lachgesicht: „Und worüber lachen wir?“ „Das Maß aller Dinge!“, rief da die

Vielfalt aus und ihre Stimme überschlug sich. „Aber das Maß aller Dinge, das bin ICH!!!“

Das Menschenkind musste nachdenken. Eine Weile blieb es still. Dann sagte es unvermittelt: „Kannst du auch traurig sein?“ Im selben Moment kroch eine eisige Kälte von der Seite her. Die Vielfalt beugte sich hinunter. Beschwörend flüsterte sie: „Ja, ich kann. Du hast mein Lachen gehört mit seinen tausend Farben. Trachte nie, in Millionen von Jahren nicht, meine Trauer zu spüren…“

Das Menschenkind erbebte. Es hatte verstanden. Noch bevor die Eiseskälte sein Herz umfassen konnte, flüsterte es eilig, mit angsterfüllten Augen: „Das werde ich nicht. Ich verspreche es!“

Im selben Augenblick wirbelte die Vielfalt es fröhlich durch die Luft, dass es lauthals aufjauchzte. „Ach, ihr Menschen!“, rief sie aus. „Ich liebe euch - seid ihr doch ein Teil von mir!“

Die Weite und ihre Schwester

„Und wer bist du?“,
fragte das Menschenkind.

„Ich bin die Weite“, schallte es so satt und laut von weit her, dass das Menschkind erschrak. Im selben Moment hörte es die Stimme ganz nah, als wäre sie direkt in seinem Kopf: „Oh, tut mir leid. Du bist nicht der erste Mensch, der vor mir erschrickt.“

Fragend blickte das Menschenkind auf: „Wieso erschrickt man vor dir?“ „Ja, weißt du“, sagte die Weite, „Menschen erschrecken zuweilen vor ihren eigenen Ideen und Gedanken, die sich ihren Weg zu mir bahnen möchten. Denn manchmal…“ „Ja?“, fragte das Menschkind. „Manchmal“, fuhr die Weite fort, „finden sie nicht zu mir, sondern verbleiben bei meiner Schwester, der Enge.“

„Du wirkst traurig, wenn du von deiner Schwester sprichst“, sagte das Menschenkind. „Das bin ich“, sagte die Weite. „Seit Ewigkeiten kauert sie mit rot geweinten Augen, das Gesicht zur Wand, und findet keinen Weg aus sich heraus.“ Das Menschenkind dachte nach. „Was kann ich tun?“, fragte es schließlich. „Du willst helfen?“, jubelte die Weite. „Dann – bitte – wenn sie dir begegnet, die Enge, ebne ihr den Weg, nimm sie an der Hand und führe sie zu mir!“ „Das werde ich“, versprach das Menschenkind eifrig und fuhr nach einer Weile fort: „Darf ich etwas fragen?“

„Natürlich!“, die Stimme klang plötzlich ganz und gar fröhlich. „Du warst vorhin weit weg und dann ganz nah. Und du bist plötzlich so … froh …“ „Oh ja“, erwiderte die Weite, „natürlich bin ich weit weg. Aber ich wäre unerreichbar für dich, wenn ich nicht auch in deinem Kopf wäre. Und warum sollte ich nicht froh sein, wo mir doch die ganze Welt zu Füßen liegt? Für mich ist kein Traum zu absurd, kein Wunsch unerfüllbar, kein Gipfel zu hoch, um nicht darauf Purzelbäume zu schlagen. Und dann die Pfützen. Ich liebe Pfützen! Es gibt keine einzige auf der ganzen weiten Welt, über die ich nicht gesprungen wäre!“

Die Worte hatten das Menschenkindgesicht zum Leuchten gebracht. „Wow!“, sagte es nur. Und mit wachsender Begeisterung: „Ich weiß jetzt, was ich tue. Ich werde nicht warten, bis mir deine Schwester begegnet. Ich werde sie suchen und aufrütteln und ihr den Weg ebnen und sie an der Hand nehmen. Und ich werde gemeinsam mit ihr Pfützen suchen gehen!“

Die Liebe

„Und wer bist du?“,
fragte das Menschenkind.

„Ich bin die Liebe“, sagte eine Stimme, die das Menschenkind wundersam erschaudern ließ.

Sie klang nach Sommersonne und Sternenhimmel, nach glücklichem Aufwachen im wohligen Federbett, nach Im-Morgentau-über-die-Wiese-Laufen. Aber auch nach ersten dicken Winterschneeflocken, nach Lieblingsgroßmutters Vorlesestimme, nach Sich-fallen-Lassen in warme, weiche Hände. ‚Ich bin die Liebe‘ klang leicht und selbstverständlich. Und doch auch ein wenig schwer und wehmütig.

„Warum bist du traurig?“, fragte das Menschenkind. „Komm“, sagte die Liebe, „fühle!“ Das Menschenkind streckte seine Hände aus und spürte eine Mitte, die nach allen Seiten ausstrahlte. Es spürte die Leichtigkeit, die schon in der Stimme mitgeschwungen war, zarte Klüfte und Verästelungen, die sich in alle Richtungen fortsetzten, um einander dann und wann zu begegnen. Kurzes Aufflackern, das sich im Nichts verlor, geschwungene Wege, die sich zu verlieren drohten, bevor sie doch wieder deutlich wurden. Aber auch lange, gerade, selbstverständliche Wege, warm und stark.

Mit einem Mal wusste das Menschenkind auch um die Trauer und die Wehmut der Liebe. Es hatte die Schatten ertastet, die sich da und dort ausbreiteten und Herzen schwer machen konnten. Und es hatte Dunkelheit und Kälte gesehen.

„Oh!“, entfuhr es dem Menschenkind, und es zog seine Hände zurück. Aus einem Finger quoll ein kleiner Tropfen Blut. Das Menschenkind betrachtete ihn aufmerksam.

„Aber…“, fragte es dann, „aber…“ Es rang nach Worten. „Ich höre dich so wohl. Aber da und dort spüre ich dich auch unwohl.“
„Ja“, sagte die Stimme, „wahre Liebe kennt auch Schmerz und Tränen. Sie eint Seelen, und Seelen sind verletzlich. Wahre Liebe trägt eine große Verantwortung.“

„Aber…“, fragte das Menschenkind weiter, „aber ich spüre dich auch finster und kalt.“

„Ja“, sagte die Stimme, „aber das bin nicht ich. Das sind Besitzgier und Seelenlosigkeit, die Menschen zuweilen in falsch verstandene Liebe legen.“

Das Menschenkind streckte noch einmal die Arme aus. Diesmal empfand es Wärme, Geborgenheit und Heimat. Es fühlte sich umhüllt und durchdrungen von einer wunderbaren Macht. Mit geschlossenen Augen genoss es den Augenblick. „Du bist blau“, lächelte es, „blau ist meine Lieblingsfarbe.“

Das Leben

„Und wer bist du?“, fragte das Menschenkind.

„Ich bin das Leben“. Damit schien alles gesagt. Nichts war dem hinzuzufügen. Das Menschenkind schwieg. Lange.

Plötzlich regte das Leben sich wieder. „Du bist noch da?“, fragte es. „Was denkst du?“ „Es ist schwer, das in Worte zu fassen“, stammelte das Menschenkind. Und nach einer Weile: „Das Leben ist doch viel mehr als nur ein Satz!“ „Vielleicht“, meinte das Leben, „es kommt wohl auf den Satz an.“ Das Menschenkind war verwirrt. „Sprich aus, was du denkst“, ermunterte das Leben es.

„Weißt du“, meinte das Menschenkind, „du bist immer da. In mir, um mich herum, in den Menschen, in den Tieren, in der Natur, in der Luft, im Sonnenschein, … Du verbindest mich mit meiner Familie, schenkst mir meine Wurzeln und mein Selbst. Du lässt mich jeden Tag neu erwachen und gibst mir Kraft. Du veränderst mich, veränderst die ganze Welt… Und du sagst nur: ‚Ich bin das Leben‘ – und es genügt?“ „Ja!“, sagte da das Leben und schien zu lächeln. „Ja, es genügt. Du kannst tausend Bücher über mich schreiben. Doch ich bin und bleibe das Leben. Nicht mehr. Nicht weniger. Mich zu spüren – dabei helfen auch tausend Bücher nicht. Dazu brauchst du nur dich selbst.“

Das Menschenkind setzte sich und versuchte, ruhig zu werden. Es nahm die Atemzüge wahr, zählte die Schläge des Herzens, fühlte, wie das Blut in den Adern pochte. Erstaunt bemerkte es, wie wohlig die Lippen aufeinanderlagen. Wohlig, wie ein Kuss auf einen geliebten Mund… „Ja“, vernahm es, „das ist das Leben.“

Mit einer plötzlichen inneren Zufriedenheit stellte das Menschenkind fest: „Ich kann dich ganz in mir spüren. Und ich spüre dich auch ganz rund um mich!“

Wieder schien das Leben zu lächeln. „Du hast recht“, bestätigte es, „ich bin auch ganz rund um dich. Ich achte darauf, dass du mir nicht verloren gehst.“

Plötzlich wurde das Menschenkind ernst und meinte fragend: „Aber alles Leben hat ein

Ende. Menschen, Tiere, Pflanzen, sogar die Sterne am Himmel - alles stirbt….“ „Wie seid ihr Menschen doch ungeduldig“, seufzte da das Leben. „Das Leben endet niemals. Schon gar nicht mit dem Sterben. Aber das zu verstehen braucht die rechte Zeit.“

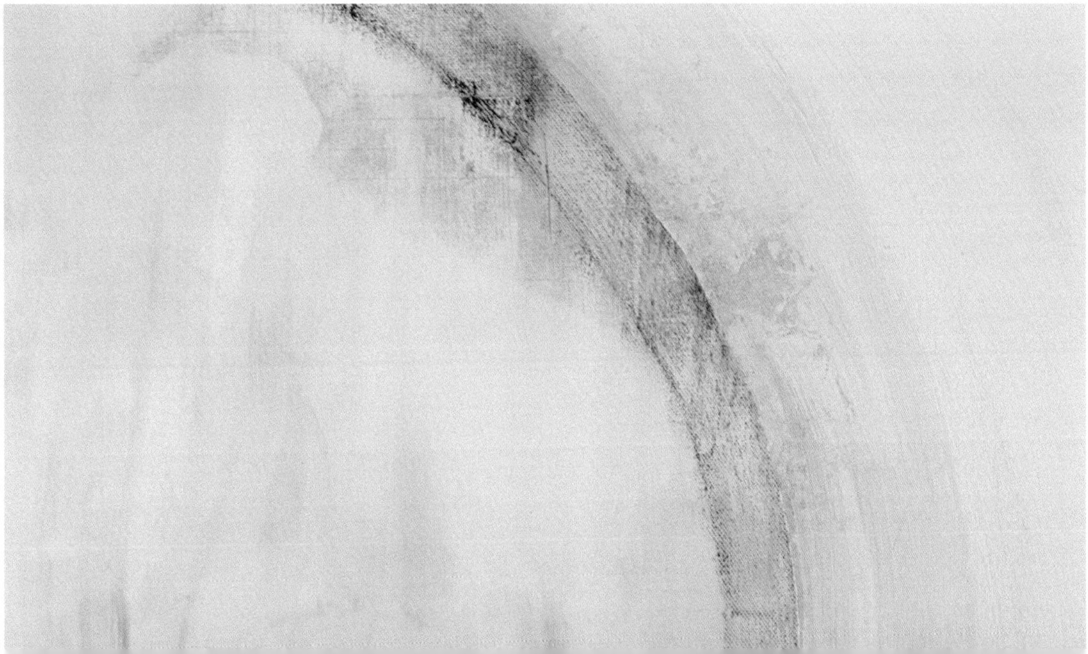

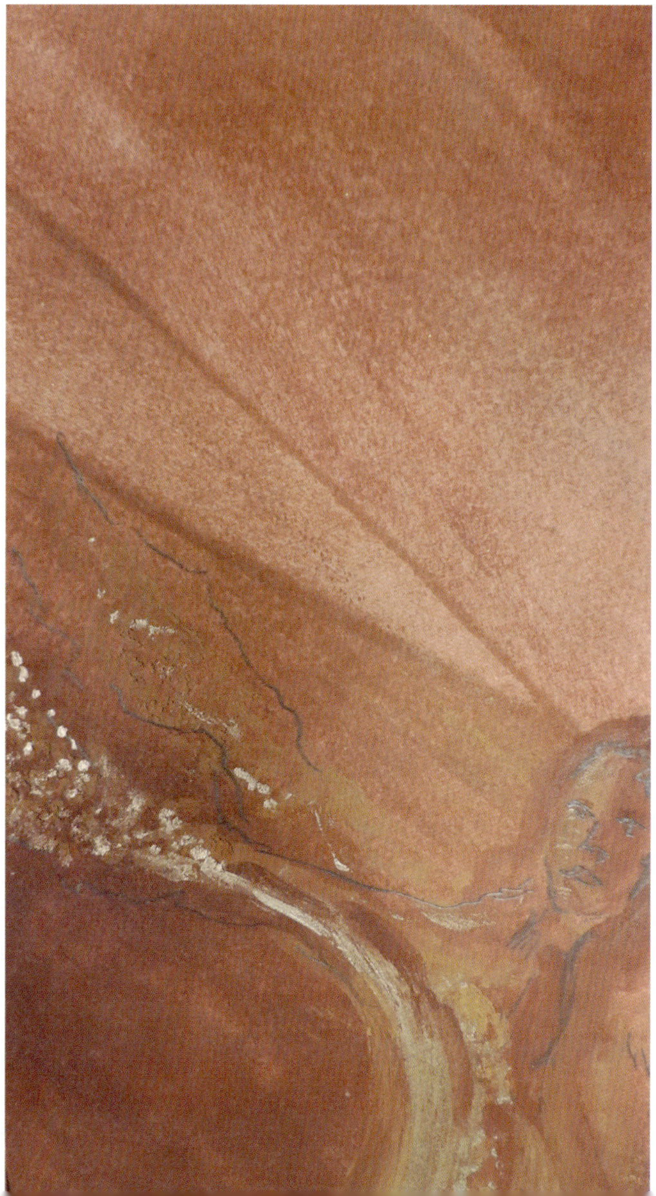

Das Loslassen

„Und wer bist du?“, fragte das Menschenkind.

„Ich bin das Loslassen“, erklang es sanft. Das Menschenkind schloss die Augen und ließ die Worte tief in sich ein. „Du klingst still“, sagte es, „und mild.“ „Ich befreie im Verborgenen“, sagte das Loslassen. „Ist das ein Rätsel?“, fragte das Menschenkind verwundert. „Es ist, was es ist“, antwortete die Stimme. „Eines Tages wirst du die Bedeutung kennen.“ „Was meinst du?“ Nun war das Menschenkind verwirrt.

„Für jeden Menschen gibt es Dinge, die losgelassen werden wollen. Auch in deinem Leben werden sie sich einstellen“, lautete sanft die Erklärung.

„Wie werde ich sie erkennen?“, fragte das Menschenkind. „Frag allein dein Herz“, sprach die Stimme. „Kein anderer kann es wissen. Einen Rat prüfe gut, ein Geheiß verwerfe. Nur du allein kennst die verborgenen Dinge, von denen ich dich befreien kann. Wenn du bereit bist, werde ich da sein und sie von dir nehmen. Mach es nicht wie jene, die sich selbst belügen. Nicht loslassen wollen sie, sondern loswerden. Sie fragen ihren Kopf und klatschen eifrig Beifall, wenn er nickt. Die Geister aber werden sie nicht los. Ich bleib‘ in ihrer Nähe. Eines Tages sind auch sie bereit. Bis es soweit ist, dürfen Tränen fließen, mögen Wut und Trauer wogen. Aber niemals, niemals öffne dein Herz dem Hasse. Hass lässt nicht los. Hass hält fest. Hass verbindet mehr als Liebe.“

„Kann denn ein liebendes Herz loslassen?“, fragte ernst das Menschenkind. „Es wird, mein Kind. Es wird. Wenn es wahre Liebe ist. Und wenn es denn keinen anderen Weg gibt.“

Das Menschenkind vermeinte, Trauer zu spüren. Vorsichtig suchte es nach Worten: „Du befreist, hast du gesagt. Ist Befreiung traurig?“ „Das Davor kann traurig sein. Befreiung ist gut, schafft Platz für Neues. Einst hieß ich einen Menschen schreiben: ‚Und jedem Anfang wohnt ein Zauber inne.‘ Niemals jedoch wird man den Zauber des Neuen spüren, wenn man dem Alten gram ist.“

„Loslassen heißt also Gutsein“, begann das Menschenkind zu verstehen. „Und gut sein lassen“, gab das Loslassen ihm recht. Das Menschenkind fragte weiter: „Ist Loslassen denn Abschied?“ Das Loslassen lächelte: „Ich bin nicht der Abschied. Manch einer nimmt Abschied, ohne loszulassen. Und manch einer lässt los, ohne sich zu verabschieden. Doch sind wir verwoben.“

„Verwoben…“ Langsam nahm das Menschenkind dieses wundersame Wort in sich auf. „Verwoben - wie meine Seele mit mir.“ In seinem Inneren keimte der Gedanke, das Loslassen sei die Seele des Abschieds.

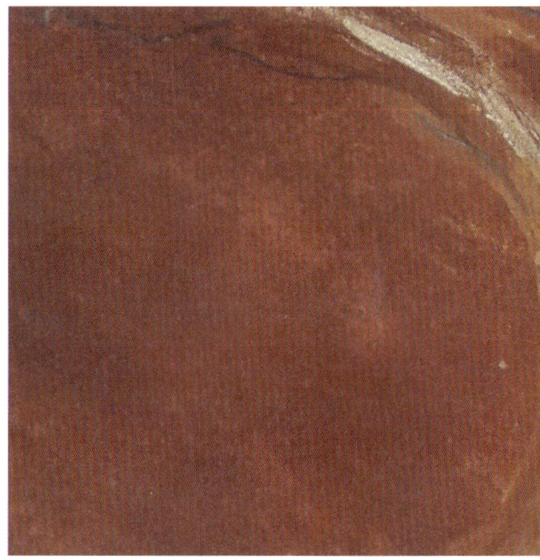

Das Annehmen

***„Und wer bist du?“,
fragte das Menschenkind.***

„Ich bin das Annehmen“, sagte die Stimme. „Sie klingt gut“, dachte das Menschenkind. „Die Stimme klingt gut. Wie Frieden nach langem Kampf. Wie eine Lösung nach zähem Ringen. Wie das Aufklaren nach schwerem Wetter. Gut, wie Aufatmen und Zurücklehnen.“

„Du spürst es?“, fragte das Annehmen. „Du spürst das Gute?“ „Ja, warum nicht?“, wunderte sich das Menschenkind. „Es ist doch ganz leicht!“ „So, meinst du?“ Das Annehmen schmunzelte. „Nicht allen Menschen ist es leicht. Sie nehmen nicht das Leichte an im Leben, nicht das Schwere, oft nicht einmal sich selbst.“ „Fühlen sie denn nicht?“, fragte das Menschenkind. „Fühlen sie denn nicht, wie gut es ist?“ „Oh nein, mein Kind. Sie fühlen es nicht. Manche wehren sich geradezu!“ „Ich verstehe nicht“, staunte das Menschenkind. „Warum?“

Die Antwort kam schnell: „Vielleicht ist es ihr Lebensschicksal, ein Glaubenssatz, ein Weiß-nicht-Was, das ihnen das Annehmen verwehrt. Ganz sicher aber ist es ihr eig’nes Zutun, das es ihnen wiederbringt!“ Das Menschenkind dachte nach. „Ihr eig’nes Zutun“, wiederholte es.

„Kann man denn lernen, anzunehmen?“ „Natürlich!“, lachte das Annehmen. „Aber Lernen braucht Wollen. Wollen wiederum braucht Erkennen.“ „Und - was muss man erkennen?“ Das Menschenkind suchte nach Erklärung.

„Dass alleine ich den Frieden bringe“, meinte da gütig das Annehmen. „Nicht-Annehmen ist Unfrieden, kann Streit sein, sogar Hass.“ „Hass verbindet mehr als Liebe“, erinnerte sich das Menschenkind. „So sagte das Loslassen.“

„Du hast mit dem Loslassen gesprochen?“, staunte nun das Annehmen. „Du kennst es?“, fragte das Menschenkind zurück. „Wir sind zwei von einem Stamme“, erwiderte freudig das Annehmen.

Das Menschenkind ordnete seine Gedanken. Lange. Dann sagte es bedächtig: „Annehmen verbindet mit mir, mit meinem Inneren. Hass verbindet auch, sagte das Loslassen. Aber – ist Hass denn auch Annehmen?“ „Niemals!“, antwortete das Annehmen bestimmt. „Denn Annehmen ist gut. Du hast es selbst gespürt. Hass aber entzweit. Hass kämpft, wie auch Unfrieden, wie Unverständnis, wie Bosheit.“

Es schwieg, wie um dem Gesagten Gewicht zu geben, bevor es fortfuhr. Sorgfältig wählte es die Worte: „Manchmal, manchmal braucht es mich, wenn der Kampf ums Loslassen verloren scheint. Erst Annehmen macht Loslassen möglich.“

„Bist du denn niemals traurig? Oder wütend?“, fragte das Menschenkind nach einer Weile. „Wozu?“, fragte das Annehmen zurück. „Ich nehme Dinge an, wie sie sind. Mit dem Annehmen sind die Fragen, die Zweifel, der Unbill geschlossen. Annehmen hinterfragt nicht mehr, es lässt sein.“

Im Menschenkind keimte ein neuer Gedanke, das Annehmen sei die Schwester des Loslassens. Umsichtig, friedvoll. Und vollends gütig.

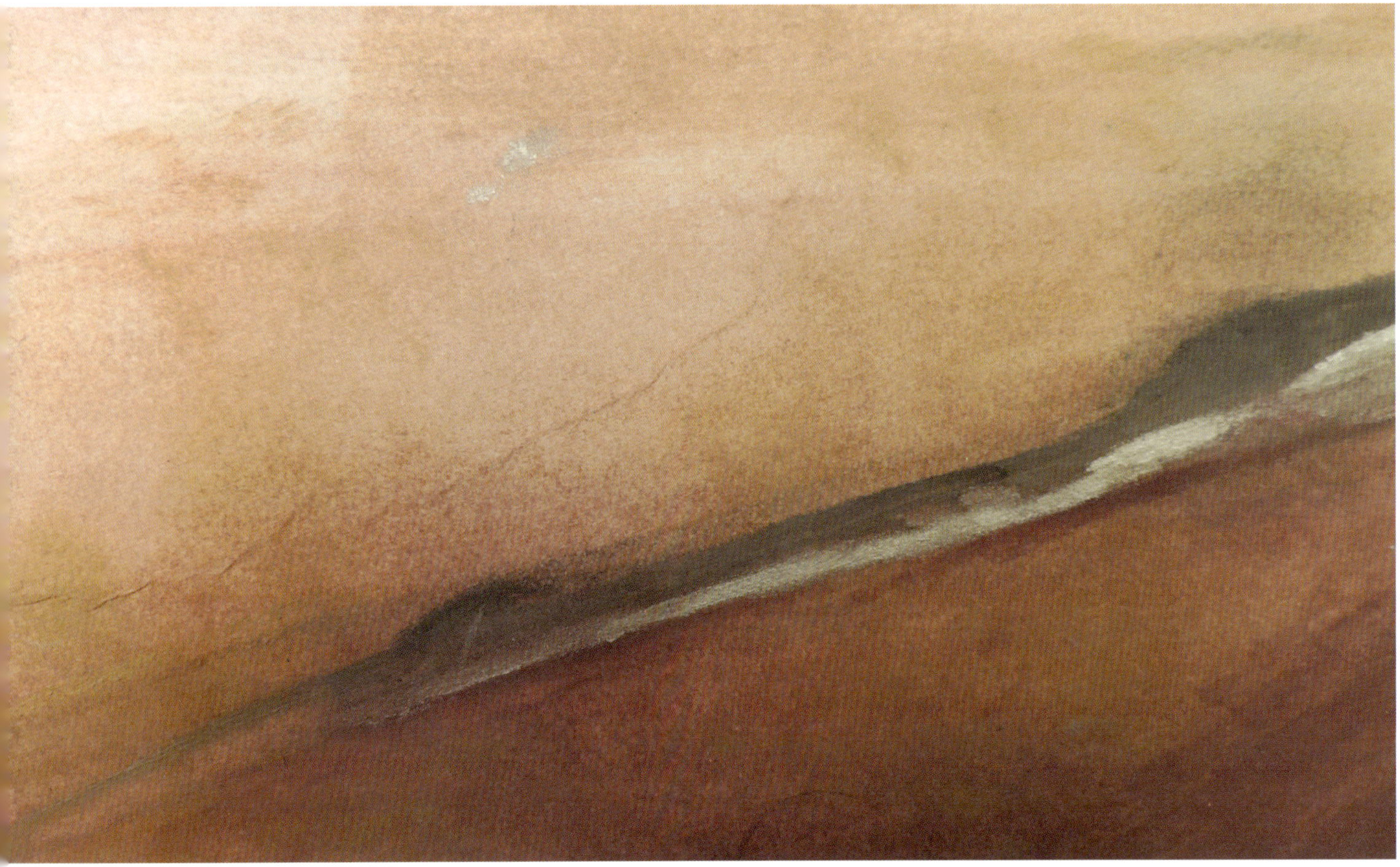

Der Abschied

„Und wer bist du?“, fragte das Menschenkind.

„Ich bin der Abschied“, sprach jener. Verdutzt suchte das Menschenkind nach Worten: „Du klingst nach Lachen und Weinen, nach Fortgehen und Ankommen, nach Sehnsucht und Erfüllung...“

Da hub der Abschied an zu sprechen: „Weil ich es bin. Dazu ersehnt und gehasst, gewollt und erzwungen, geliebt und gefürchtet, leise und laut, klein und groß, und vieles andere mehr. Die Menschen empfinden mich je anders, selbst wenn ich gleich für alle scheine.“ „Aber wie kommt das?“, fragte das Menschenkind, mit großen Augen.

„Ich habe immer ein Davor und ein Danach“, erklärte der Abschied. „Und sie entscheiden, wie ich wahrgenommen werde. Mancher Abschied ist gefürchtet, aber in dem Moment, da er passiert, ist der Schmerz auch schon vorbei, beginnt die Seele schon zu heilen.

Ein andermal komm ich den Menschen so ungeheuerlich, dass es ihnen nicht gelingt, mich einzulassen. Ihr Denken nimmt mich wahr, doch ihr Herz spürt mich erst nach und nach. Und gut ist‘s, denn manchmal könnt ich es zum Bersten bringen. Wieder ein andermal bin ich ganz leicht, das Davor voll freudiger Erwartung. Wenngleich das Danach immer auch enttäuschen kann.“

Bevor der Abschied weiterreden konnte, sagte das Menschenkind unvermittelt: „Ich glaub‘, ich kenne dich.“ „Wer kennt mich nicht?“, erwiderte der Abschied. „Tausendmal erscheine ich in jedem Menschenleben. Ich bin da, wenn es beginnt, und wenn es endet, halt ich seine Hand.“ „Aber warum?“, fragte das Menschenkind. „Warum tausendmal, wo es doch so schmerzen kann?“

„Ich allein mach‘ Neues möglich.“ Ernst hatte der Abschied diese Worte gesprochen, und feierlich. Still, fast ehrfürchtig, dachte das Menschenkind nach, bis sein Denken eine Frage formte.

„Ja?“, fragte der Abschied. „Abschied muss sein, hast du gesagt. Abschied ist oft schwer, so habe ich‘s verstanden“, sagte es und fasste sich ein Herz: „Ich habe mit dem Annehmen gesprochen. Und mit dem Loslassen." „Ah ja?", lächelte da der Abschied. Schnell brachte das Menschenkind seine Frage zu Ende: „Kann es sein, dass sie beim Abschied helfen?"

Nun war es der Abschied, der eine Weile dachte, bevor er sanft bejahte: „Man kann nicht loslassen, womit man nicht gut ist. Man kann nicht annehmen, solange man hinterfragt. Und weder da noch dort ist Abschied bis ins Letzte möglich."

Das Menschenkind spürte, dass der Abschied noch eine Weile brauchte, um diesen Gedanken fertig zu denken. Geduldig wartete es. Bis er jäh aufblickte und bemerkte: „Du bist ein kluges Kind."

Die Stille

„Und wer bist du?“, fragte das Menschenkind.

„Ich bin die Stille.“ Mehr spürte das Menschenkind diesen Satz, als dass es ihn gehört hätte. Und die Stille legte sich über das Menschenkind wie ein warmer, weicher Mantel, und hüllte es ein, als wollte sie es ganz für sich haben.

„Und – was willst du mir und meinem Leben?“, fragte ein wenig verunsichert das Menschenkind. „Schweig still und warte“, gebot ihm da die Stille, ganz leise, ganz nah an seinem Ohr.

Und das Menschenkind schwieg und wartete, bis es ungeduldig war. „Nicht alleine schweigen sollst du“, flüsterte da die Stille. „Schweig still, sagte ich dir, auf dass du erkennst, was ich dir bin.“

Und das Menschenkind schwieg und wurde still. Und fühlte seinen Atem, und hörte den Schlag des Herzens. Gedanken kamen und gingen. Ideen drängten sich auf und verabschiedeten sich. Pläne schmiedete es und vertröstete sie auf später. Da kamen Trauer und Schmerz und machten das Herz schwer und füllten die Augen mit Tränen. Das Menschenkind fühlte den Raum, den sie brauchten. Es verharrte und horchte, bis die Tränen versiegten und die Schwere wich.

Da huschte ein Lächeln über sein Gesicht. „Da bin ja ich!“, wollte es rufen und schwieg, um die Stille nicht zu vertreiben, und nahm sich selber wahr in aller Fülle.

Und plötzlich spürte es die Kraft der Stille in sich aufsteigen. Sie machte ihm den Rücken gerade und die Gedanken stark und blitzte ihm aus den Augen. Und es genoss und hielt still und sog die Kraft ein durch alle Poren bis in die letzte Faser seines kleinen Körpers. Und schwieg dennoch still, aus Angst, mit der Stille weiche auch die Kraft.

Da sprach die Stille, wenn auch kein Laut sich regte: „Nun, mein liebes Kind, hast du mich gefunden. Und hast gesehen, was ich dir bin, was ich dir sein kann, wenn du wartest. Durch dein Leben werde ich dich begleiten. Werde fern sein, wenn ich aus deinen Gedanken bin, werde da sein, wenn du mich suchst. Du wirst mich lieben und mich hassen. Wirst mich ersehnen und mich verjagen. Ich werde dich heil machen, wo ich willkommen, und kann dich krank machen, wo ich dir erzwungen. Wähle mich selbst und lass' keinen andern mich für dich wählen. Dann kann und werde ich dir Freundin sein."

„Aber...", rief da laut das Menschenkind und wollte den Abschied verhindern.
Da war es schon zu spät.

Und von der Stille blieb nur eine kleine, wehmütige Sehnsucht in seinem Herzen.

Die Sehnsucht

„Und wer bist du?“, fragte das Menschenkind.

„Ich bin die Sehnsucht“, erklang eine Stimme, die seltsam unerfüllt schien. „Und was bist du?“, fragte daher das Menschenkind. „Ich bin das Sehnen, das nach Erfüllung sucht.“ Die Augen des Menschenkindes begannen zu leuchten. „Das klingt wunderbar! Nach Suchen und Finden, nach Erwarten und Erfüllen, ...!“ „Wenn es denn Erfüllung gibt“, antwortete leise die Sehnsucht, und plötzlich nahm das Menschenkind ihre Traurigkeit wahr. Das Leuchten in seinen Augen wich einem ernsten, fragenden Blick: „Gibt es denn nicht...?“

„Nicht immer.“ Die Sehnsucht versuchte zu erklären: „Zwei Seelen habe ich. Nur eine lässt finden. Dann nämlich, wenn Menschen ersehnen, was sie erträumt. Wenn sie Großes verspüren, scheinbar Unerreichbares, und danach auf die Suche gehen. Wenn ihr Sehnen stark genug ist, ihnen Kraft gibt und Mut, wenn sie nicht scheuen, unbekannte Pfade zu gehen, dann können sie finden.“

Das Leuchten in den Augen des Menschenkindes war zurückgekehrt. „Oh ja! Solche Träume kenne auch ich. Und du denkst...“ „Ich weiß!“, unterbrach die Sehnsucht. „Ich weiß, mein Kind, dass du sie dir erfüllen kannst, wenn du beharrlich bleibst und Obacht gibst, dass niemand sie dir nimmt!“ „Aber“, fragte bang das Menschenkind, „du hättest zwei Seelen, sagtest du.“

„Ja, mein Kind.“ Die Stimme klang plötzlich so traurig, dass dem Menschenkind angst wurde. „Es gibt die gänzlich unerfüllbare Sehnsucht. Jene, die ersehnt, was schmerzlich verloren. Jene, die die Glieder schwer und das Herz wund werden lässt. Jene, deren Schmerz bis in die letzte Faser des Leibes dringt, die das Denken und Fühlen besetzt und durch den Körper hämmert, die so völlig hilflos macht und als stummer Schrei im Kopfe dröhnt - tagelang, nächtelang, wochenlang, monatelang. Manchmal ein Leben lang...“

„Hör auf!!!“, schrie da das Menschenkind und hielt sich wimmernd die Ohren. Lange brauchte es, bis es, noch immer schluchzend, fragen konnte: „Warum? Warum nur musst du diese Seele tragen?" „Das Leben ist nicht zimperlich", antwortete da die Sehnsucht mit Tränen in den Augen. „Und was…", fragte das Menschenkind, „was kann heilen?"

„Oft ist es allein die Zeit, die lindern kann", sagte sanft die Sehnsucht. „Stunde um Stunde, Tag um Tag vergeht, selbst in der größten Not. Manche Sehnsucht wird nie ganz vergehen. Doch Menschen lernen anzunehmen. Andere lernen, sie zu lieben, als letzte Erinnerung an das, was sie verloren. Nur jene, die in Bitterkeit verfallen, werden ewig leiden."

„Wie beim Hass?", fragte vorsichtig das Menschenkind. Mild, fast zärtlich, nickte die Sehnsucht: „Wie beim Hass. Hüte dich, mein Kind!"

Die Bereicherung

„Und wer bist du?“, fragte das Menschenkind.

„Das fragst du?“, ertönte eine angenehme Stimme. ***„Ich bin die Bereicherung!“*** „Und was tust du?“, fragte das Menschenkind. „Ich bereichere.“ Die Antwort lag wohl auf der Hand.

„Hmm - ich kenne Menschen, die leiden keine Not“, überlegte das Menschenkind. „Hast du das getan?“ „Ja und nein“, antwortete die Bereicherung. „Ich mache Leben reich, nicht Menschen. Arm sind die Menschen, deren Herz allein bei Gold und Silber jauchzt. Dies kann Überleben sichern, kann viel Gutes tun. Doch wirklich reich sind jene, deren Leben Fülle ist.“ „Wie kann ich das verstehen?“ Das Menschenkind war neugierig geworden.

Da begann die Bereicherung zu erzählen: „All jenes, was du in dir trägst, was dir im rechten Moment Halt gibt und Stütze, das bin ich. All jenes, was dir eine gute Erinnerung ist, woran du gewachsen bist, was dich auch viele Monde später noch froh und glücklich macht, bin ich. Ein Sonnenstrahl in schwerer Stunde, ein Vogelzwitschern dann und wann, ein gutes Wort zur rechten Zeit, all das bin ich und noch viel mehr. Manchmal wirst du erst viel später wissen, dass ich da gewesen, meinen Arm um dich gelegt und dir Gutes getan. Manchmal aber weißt du es in dem Moment, da ich dir nahe bin.“

„Bist du immer gut?“, wollte das Menschenkind wissen. „Welch eine Frage!“, rief die Bereicherung. Doch das Menschenkind beharrte: „Bist du immer gut?“

Da begann sie nachzudenken, die Bereicherung. Rief sich viele Dinge ins Gedächtnis, um schließlich zuzugeben: „Wohl nicht immer. Letztendlich aber doch.“ „Wie meinst du das?“, fragte das Menschenkind. „Nun“, begann die Bereicherung, „auch schweres Schicksal kann Leben reich machen. Selbst ein Augenblick, da die Welt über dir zusammenbricht, kann am Ende Fülle bringen.

Wohl kommt es darauf an, welchen Platz du ihm in deinem Leben gibst. Ob du suchst, was er deinem Leben Gutes tut. Ob du erkennst, wie wichtig auch diese Dinge für dich sind, dass du mit ihnen wächst und reifst.“

Das Menschenkind schwieg und kramte in seinen Erinnerungen. „Worüber denkst du nach?“, wollte die Bereicherung wissen. „Ist es für dich gut, was ich dir sagte?“

„Ja, doch…“ Plötzlich hatte das Menschenkind das rechte Wort gefunden: „Muss ich Dinge annehmen, damit sie mein Leben bereichern?“ Da lächelte die Bereicherung: „Sei ihnen gut, mein Kind. Sei den Dingen gut, die dir im Leben widerfahren. Dann bin auch ich nicht weit.“

Die Harmonie

„Und wer bist du?“, fragte das Menschenkind.

„Ich bin die Harmonie.“ Das Menschenkind schloss die Augen und genoss. Die Stimme der Harmonie drang tief in sein Inneres ein, durchdrang es von Kopf bis Fuß und brachte sein Gesicht zum Leuchten – ganz leise, ganz zart, und wunderschön.

„Du bist die Harmonie…“, wiederholte das Menschenkind verträumt. Es spürte, dass die Sehnsucht nach dem vollendeten Klang dieser Stimme es ab nun durch sein Leben begleiten werde. „Du tust gut“, sagte es nachdenklich. „Und was ist deine Bestimmung?“

„Meine Bestimmung?“, fragte die Harmonie. „Hm… Vielleicht ist es meine Bestimmung, Wogen zu glätten in stürmischer Zeit, Einklang zu spenden und Menschen im Wohlgefühl zu einen. Vielleicht aber habe ich keine Bestimmung. Vielleicht bin ich einfach da zum Genießen, zum Sich-fallen-Lassen, zum Ausruhen des Denkens und Fühlens…“

„Mhm…“, nickte wieder verträumt das Menschenkind und wartete und hoffte, die Harmonie würde weitersprechen, und immer weiter.

„Obwohl…“, sprach unvermittelt die Harmonie. Das Menschenkind blickte auf. Dissonanzen hatten sich in den Klang gemischt, Untertöne, die da nicht hingehörten, Misstöne, die irritierten – ganz fein nur, und doch störend. Es spürte ein Unbehagen: „Was ist?“

„In Wahrheit tu‘ ich nicht nur gut!“, sprach da die Harmonie, und mit jedem Wort war mehr Ärger zu spüren. „Nämlich da nicht, wo Menschen mich missbrauchen, um ihre wahren Gefühle zuzudecken. Da nicht, wo Menschen nach mir süchtig sind und ihr Selbst hinter mir verstecken!“

Immer lauter wurde die Harmonie, immer mehr wurde das Menschenkind überwältigt von der Fülle an Klang, die sich nach und nach ihm bot. Da sprach sie schon weiter, die Harmonie, und aus dem Ärger brachen Wut und Zorn:

„Ich bin nicht die Daunendecke, die aus spitzen Bergen weiche Hügel werden lässt! Nein!!“ Fast flehend sah sie nun das Menschenkind an: „Ich bin das milde Wintersonnenlicht, das nach finsteren Tälern und schroffen Felsen am Gipfel wartet und jede Mühsal lohnt!“ „Und die Menschen wissen das nicht?“, fragte ein wenig erschrocken und mit großen Augen das Menschenkind.

„Viele wagen es nicht!“, sagte da, plötzlich betrübt und mit hängendem Kopf, die Harmonie. „Viele wagen es nicht, sich auch nur einen Schritt von mir zu entfernen, aus Angst, ich könnte ihnen für immer verloren gehen.“

„Und - tust du das?“, fragte das Menschenkind. „Aber nein!“, antwortete da die Harmonie, und plötzlich war ihr Wohlklang zurückgekehrt. „Wer ehrlich ist zu sich selbst und zu den Menschen rundherum, der kann mich nicht verlieren.“ Und nach einer Weile fügte sie hinzu: „Wenngleich ich ihm vielleicht auch einmal woanders begegne als erwartet…“

Vertrauen und Zuversicht

„Und wer bist du?“, fragte das Menschenkind.

„Sind WIR!“, korrigierte mit sanftem Nachdruck eine Stimme, die so voll Wohlklang und Harmonie war, dass sie das Menschenkind augenblicklich in ihren Bann zog. Tief sog es den Klang in sich ein. Erst nach und nach gelang es ihm, den Klang mit dem Gesagten zu vereinen, und verwundert hob es den Blick: „Seid IHR? Du bist - ihr seid - ZWEI?“

„Oh ja! Ich bin das Vertrauen.“ „Und ich bin die Zuversicht.“ Kaum ein Wimpernschlag lag zwischen diesen beiden Antworten.

„Aber ich sehe nur eine…“ „Du siehst recht. Wir sind zwei mit einem Gesicht“, lächelten sie sanft, und eines, das Vertrauen, fuhr fort: „Ich begleite dich im Jetzt, schaffe ein Bett für deine guten Gedanken, dein Wohlfühlen, deine Lebensfreude.“ „Und ich, ich entsteige diesem Bett und weise in eine wohlklingende Zukunft“, ergänzte die andere, die Zuversicht. Das Menschenkind schloss die Augen, als suchte es dieses Bett tief in seinem Inneren.

Plötzlich begann es zu strahlen: „Ich kann es fühlen, das Vertrauen, in meiner Mitte, jetzt! Und es breitet sich aus, von Zehenspitze zu Zehenspitze, von Fingerspitze zu Fingerspitze, von oben nach unten, von links nach rechts, und es tut gut! Es tut so gut!“ „Und mich, spürst du auch mich?“, fragte die Zuversicht. Nach einer Weile strahlte es noch mehr, das Menschenkind: „Oh ja! Ich fühle auch die Zuversicht, die mich so gut nach vorne schauen lässt. Keine Angst spüre ich, nur Sicherheit, dass alles gut sein wird! Oh, wie wünschte ich mir, es bliebe so – mein Leben lang.“

Das Vertrauen und die Zuversicht wurden ernst: „Liebes Kind, so sollte es sein. Doch kann es geschehen, dass schlimme Erfahrungen das Vertrauen zerstören. Dann wirst du auch die Zuversicht verlieren.“ „Aber wie soll das gehen? Ihr seid mir doch so nah!“, rief das Menschenkind. „Wir sind dir nah, und du kannst uns spüren und aus uns dein Leben genießen.

Aber wenn Schreckliches passiert, kann es sein, dass wir uns zurückziehen, uns in dein Innerstes verkriechen, uns verstecken vor neuem Schrecklichen.“ „Und dann?“, fragte leise das Menschenkind. „Dann, liebes Kind, ist Platz für Einsamkeit, Misstrauen, irgendwann Verbitterung.“ Traurig klang sie, die Idee von jenem Leben.

Leise, fast unhörbar, voll Angst vor einer Antwort, die es vielleicht nicht hören wollte, fragte das Menschenkind: „Ist es unwiederbringlich? Unwiederbringlich, wenn ihr euch zurückgezogen habt?“ „Oh Nein!“ Nun war die Stimme wieder voll Wohlklang und Harmonie.

„Nein, wir bleiben in dir. Mit Geduld und guten Gedanken kannst du uns hervorholen. Kämpfe um uns, Menschenkind! Kämpfe und höre nicht auf, um uns zu kämpfen. Wenn du es wirklich willst, wirst du diesen Kampf niemals verlieren.“

Die Unsicherheit

„Und wer bist du?“, fragte das Menschenkind.

Lange hörte es nichts. Dann ein vorsichtiges: „Ähm … naja …“ Das Menschenkind wartete gespannt. Nach einer Weile fragte es noch einmal: „Also – wer bist du?“ Da hörte es wieder diese leise, schüchterne Stimme, die stammelte: „Naja, das ist nicht so einfach. Wer – wer weiß schon, wer man ist? Weißt du, wer du bist? Also … also … nun gut!“ Sie schien sich ein Herz zu nehmen.

„Nun gut: die anderen behaupten, ich bin die … die … die … Unsicherheit!“ Nun war es gesagt, und sie atmete hörbar aus.

„Die Unsicherheit?“, fragte erstaunt das Menschenkind und dachte nach. „Mir scheint, ich kenne dich nicht.“ „Das denkst du vielleicht!“, rief ein wenig zu schnell und ein wenig zu schrill die Unsicherheit. „Jeder Mensch kennt mich! Jeder Mensch hat mich schon im Arm gehalten und vor sich hergetragen. Niemand ist vollkommen und sich stets seiner Sache sicher!“ „Nun ja“, überlegte das Menschenkind, „ich weiß auch nicht …“ „Siehst du!“, triumphierte die Unsicherheit. „Siehst du, auch du zweifelst und bist unsicher. Ha! Und du willst mir weismachen, du seist mir noch nie begegnet?“ „Nun warte doch mal!“, rief da das Menschenkind, und die Unsicherheit zuckte zusammen. „Warum urteilst du? Was liegt dir daran, zu wissen, dass ich dich kenne?“

Die Unsicherheit war in sich zusammengesunken. Nichts war mehr übrig von Aufbegehren und Recht-haben-Wollen. Ein kleines Häufchen Elend war sie, knapp davor, in Tränen auszubrechen.

„Ja, weißt du“, schluchzte sie, „alle anderen sind sich ihrer immer so sicher! Jeder und jede weiß alles, kann alles, macht alles richtig! Niemand hat je Zweifel. Nur ich, ich stehe da und kann gar nichts. Niemand bemerkt mich, und wenn, dann bin ich ihnen lästig. Am liebsten würde ich mich irgendwo verkriechen, die Augen schließen und sie nie wieder aufmachen!“

„Aber was redest du da?“, rief das Menschenkind. „Du bist nicht weniger wert als alle anderen! Warum solltest du dich verkriechen?“

„Warte, lass mich nachdenken…“, fuhr es fort. Und dann: „Ich glaube, wir alle brauchen dich. Du bist unsere Chance, unser Lebensquell. Da, wo du uns erscheinst, können wir wachsen, an uns arbeiten, uns bemühen, uns entwickeln. Ohne dich treten wir auf der Stelle, bleiben, wer und was wir sind … Und manchmal schützt du uns, bewahrst uns vor Selbstüberschätzung und Dummheit.“

„Ach ja?“, fragte zaghaft die Unsicherheit. „Du meinst also, ich bin doch zu etwas gut?“

„Aber natürlich!“, erwiderte das Menschenkind, und plötzlich hatte es eine Idee: „Komm mit mir, begleite mich! Ich bin auf der Suche nach Antworten. Vielleicht werden sie auch dir nützen.“ Lange hörte es nichts. Und dann, schließlich, eine kleine, vorsichtige Stimme, die sagte: „Meinst du? Naja… ich weiß auch nicht…“

Der erste und der zweite Blick

„Und wer bist du?“,
fragte das Menschenkind.

Es hatte eine wundersame Gestalt gesehen. Schön und einnehmend. Doch im nächsten Moment zweifelte das Menschenkind und wich zurück. Es schien…

„Ich bin der Erste Blick“, sagte die Gestalt mit fester Stimme, die überzeugend klingen wollte. Das Menschenkind schaute sie mit großen Augen an, die Stirn gerunzelt. Noch bevor es seine Frage formulieren konnte, kam die Antwort: „Ich zeige dir die Dinge, die dir zum ersten Mal begegnen.“

„Du zeigst Dinge?“, ertönte es da laut, beinahe spöttisch. Das Menschenkind gewahrte eine zweite Gestalt, die sich aus dem Hintergrund löste. Sie glich der ersten, doch war sie anders, schöner noch, präsenter. Sie hatte jene Wahrhaftigkeit und Ehrlichkeit an sich, die die erste vermissen ließ. Das Menschenkind kam aus dem Staunen nicht heraus. Erst recht, als die erste sich umwandte und verärgert hervorstieß: „Du schon wieder! Kann ich nicht ein Mal ohne Dich sein? Kaum bin ich angekommen, kommst du dazu und verdirbst alles!“ Er schien zu verblassen, der Erste Blick, in dem Maß wie die zweite Gestalt an Größe, an Intensität, gewann.

„Ich verderbe nichts!“, sprach diese beschwichtigend, fast gütig. „Ich rücke ins rechte Licht. Du zeigst nicht Dinge, du zeigst die Dinge, wie sie im ersten Moment erscheinen.“ „Aber ich zeige, was die Menschen sehen wollen! Ich erfülle Wünsche und Sehnsüchte, oder aber bestätige Vorurteile. Ich tue, was die Menschen sich von mir erhoffen.“

„Du hast ja recht“, sagte die zweite Gestalt. Fast ein wenig traurig klang es. „Doch ist dies nicht immer die Wahrheit.“ „Und doch halten manche an mir fest und wollen mich nicht gehen lassen! Sie lieben mich und hassen dich, selbst wenn du dich noch so sehr zwischen uns drängst!“ „Das ist mein Schicksal“, sprach wieder die zweite Gestalt. „Ich rede den Menschen nicht nach dem Mund. Ich zeige…“

„Du zerstörst! Du zerstörst Illusionen, verstörst Menschen, schaffst Trauer und Leid!“, wollte da zornig die erste Gestalt rufen. Doch immer durchscheinender wurde sie, immer leiser, kraftloser ihre Stimme.

„Manchmal“, bestätigte die zweite Gestalt, „manchmal muss ich das, um Menschen vor sich selber zu beschützen. Aber manchmal überrasche ich auch, beseitige Vorurteile, vertreibe alte, böse Gedanken…“ Nun war sie ganz angekommen. Stark und schön stand sie vor dem Menschenkind, das vergeblich nach dem Ersten Blick schaute. Er war verschwunden, nur ein kleiner, himmelgrauer Schatten war von ihm geblieben.

„Und – wer bist du?“, fragte das Menschenkind.

„Ich bin der Zweite Blick“, sagte jener, und das Menschenkind verstand. Und war es zufrieden.

Die Gier

„Und wer bist du?“,
fragte das Menschenkind.

„Ich bin die Gier“, sagte diese, gierig geifernd, raffsüchtig, mit schnellem, argwöhnischem Blick, das Wort „Gier“ langgezogen, damit nur ja nichts davon verloren ginge. Unwillkürlich wich das Menschenkind zurück.

„Komm doch!“, lockte die Gier. „Komm doch her zu mir!“ Folgsam, und doch bedacht auf Abstand, kam das Menschenkind ein wenig näher, um vorsichtig zu fragen: „Und wozu brauch ich dich?“

„Das fragst du?“, brauste die Gier auf, um gleich wieder zu werben, mühsam die Ungeduld unterdrückend: „Ich sichere dein Leben, verhelfe dir zu allem, was du brauchst. Ohne mich hast du nichts, jedermann könnte Dinge an sich nehmen, die dir gebühren. Mach schnell und nimm, was du haben kannst, sonst wirst du einst ohne Besitz sein, wirst am Hungertuch nagen, während andere aus übervollen Töpfen löffeln.“

„Ja? Meinst du?“, fragte zögernd das Menschenkind. Ein klein wenig neugierig war es doch geworden, und trat noch einen Schritt näher. „Natürlich!“, ereiferte sich die Gier, die Stimme voll Argwohn und Hinterlist. „Worauf wartest du, mein Kind? Nur was du hast, ist etwas wert. Denk niemals an die anderen. Jeder ist sich selbst der Nächste. Auch auf dich nimmt niemand Rücksicht, glaube mir, Liebes!“

„Du machst mir Angst!“, stammelte schüchtern das Menschenkind. „Ach ja?“, die Gier witterte ihre Chance. „Dann komm, hab keine Angst, ich zeige dir, wie du zu Reichtum kommst. Lass nichts aus, was dir in die Finger kommt! Nie sei es genug, dein Credo sei das Mehr und Immer-Mehr, das Haben und Nie-genug-Haben. Denk nach, mein Kind, was hast du schon? Nichts, nicht wahr?“

„Vielleicht hast du recht…“, zögerte das Menschenkind, und die Augen der Gier blitzten triumphierend auf. „Aber…“ „Es gibt kein Aber!“ Wie die Schlange im Paradies suchte die Gier ihr Werk zu vollenden. Ein Kind sollte doch eine leichte Beute sein.
Unterdes war das Menschenkind ernst geworden, die Augen groß, verwirrt, ungläubig.

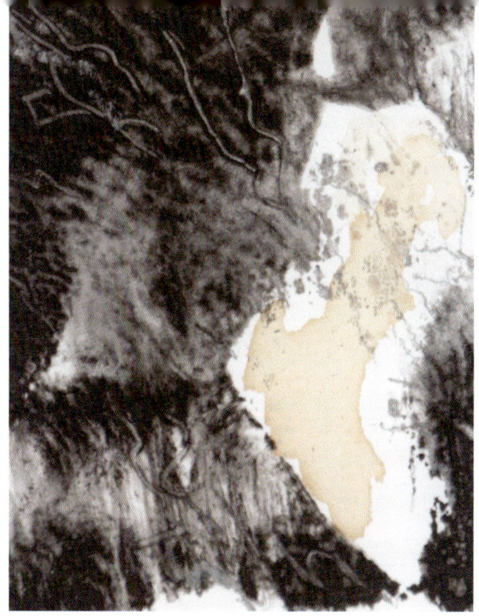

„Und wo bleibt das Sein?“, fragte es nach einer langen Weile.

„Das Sein?“ Die Gier verstand nicht. „Ohne Haben bist du nichts, verstehst du nicht, dummes Ding? Sammle Besitz, nimm, was du kriegen kannst und mehr. Dann kannst du dich immer noch dem „Sein“ widmen.“ Verächtlich hatte es dem Menschenkind die letzten beiden Worte hingeworfen.

Das Menschenkind schickte sich an, weiterzugehen. Mit ernstem Blick wandte es sich noch einmal um: „Ich brauche dich doch nicht. Nicht haben will ich, sondern sein. Und dafür bist du mir keine Hilfe.“

Das Wollen

„Und wer bist du?“, fragte das Menschenkind.

„Ich bin das Wollen.“ Satt und voll hörte das Menschenkind die Worte, gut gelaunt und voller Zuversicht, und doch mit ein paar leisen Untertönen: ein wenig Ungeduld, ein bisschen Zappeligkeit, sogar eine Prise Trotz. Aber nur eine kleine.

„Das Wollen…“, wiederholte das Menschenkind. „Du klingst gut. Fast als wärst du auch ein Teil von mir!“ „Na das will ich doch hoffen“, erwiderte fröhlich das Wollen, „schließlich mache ich dein Leben zu dem, was es ist!“ Dann senkte es die Stimme und sah das Menschenkind vielsagend an: „Ohne mich bist du tot!“ „Oh nein!“, rief das Menschenkind, hoffend, dass diese Aussage nicht ganz ernst zu nehmen sei.

„Doch, du hast richtig gehört“, stellte das Wollen klar. „Ich bin der Urgrund von allem, was dich ausmacht. Ohne mich trittst du auf der Stelle, lässt Resignation und Langeweile in dein Leben, bist tot, obwohl du lebst.“

Das Menschenkind legte die Stirn in Falten. „Aber“, sagte es, „ich kenne Menschen voller Zufriedenheit und Glück. Sie sind nicht tot – und doch wollen sie nicht mehr als das, was sie haben und sind!“ „So, denkst du?“, meinte da das Wollen. „Glaube mir, mein Kind, sie wollen mehr als alle anderen und werden mehr als alle anderen enttäuscht: sie wollen, dass ihr Leben bleibe, wie es ist.“

Das Menschenkind dachte nach. Nach einer Weile fragte es: „Hast du denn keine Feinde?“ „Oh doch, die habe ich!“, antwortete genervt das Wollen. „Den Anstand, das Übliche, das Müssen oder das Nicht-Dürfen… Sie und manche andere weisen mich in die Schranken, vergällen mir mein Sein, vergrämen mich, manchmal bis ich aufgebe und das Leben um Facetten ärmer mache. Manche Menschen missbrauchen mich als Schutzschild gegen das Geschehen-Lassen, und dann bilden sie sich ein, ich würde sie unglücklich machen. ICH!! Dabei sind es ganz allein sie selber. Auch das Zuviel und das Nie-Genug sind meine Feinde, ziehen meinen Namen in den Schmutz. Oh, ich will gar nicht weiter darüber nachdenken!“, rief es aus. „Zu vieles fällt mir ein!“

Und doch dachte es nach, und nach einer Weile sprach es eindringlich: „Mein Kind, du hast mich satt und voll und gut gelaunt gehört, und das bin ich auch. Doch nur, wenn ich im Einklang mit dem Fühlen bin. Achte gut darauf. Nimm mich ernst, dann nimmst du auch dich selber ernst."

Das Menschenkind verstand nicht ganz – noch nicht. Aber von Herzen wollte es sich diesen Satz fürs Leben merken.

Das Dürfen

***„Und wer bist du?“,
fragte das Menschenkind.***

„Ich bin das Dürfen.“ „Das Dürfen!“, rief freudig das Menschenkind, und verstummte jäh. Es hatte den Klang der Stimme bemerkt, dunkel und voller Schatten. Schon Freude auch, und Hoffnung. Schon! Doch auch Trauer, Enttäuschung und Wut, maßlos und abgrundtief.

„Was ist passiert?“ Fassungslos sprach das Menschenkind die einzigen Worte, die ihm in den Sinn kamen.

„Was ist passiert?“ Das Dürfen wiederholte die Frage, als hätte es sie nicht verstanden. „Ich bin das Dürfen!“ „Aber“, sprach das Menschenkind beschwörend, „du bist doch Glück und Freude und strahlende Kinderaugen!“ „Ja, das stimmt“, räumte das Dürfen ein, „aber stets bin ich abhängig, nie kann ich für mich selbst entscheiden, bin angewiesen auf Erlaubnis und Zustimmung, eingekreist von Verboten und Gesetzen. Es ist kein schönes Leben, das ich habe!“

„Aber“, sprach abermals das Menschenkind, „man sagte mir, sie alle wären Schutz und Hilfe!“ Das Dürfen seufzte: „Wenn es denn so ist, dann trolle ich mich gerne und mit Freuden, auch wenn sich das Verstehen oft verspätet. Aber wo Willkür herrscht, kann keine Freude sein. Viel zu oft wird Macht missbraucht und Abhängigkeit ausgenützt, und ich werde verjagt mit Schimpf und Schande. Dann steh‘ ich vor verschlossenen Toren, drinnen hör‘ ich verzweifeltes Schreien und ohnmächtiges Toben, bis der Wille gebrochen ist, es leise wird und nur ein Häufchen Elend bleibt, kniend, wimmernd, mit dem Gesicht zum Boden.“

Das Dürfen war gänzlich in sich zusammengesunken, überwältigt vom Leid der ganzen Welt. Das Menschenkind stand vor ihm, noch immer fassungslos. Dieses Treffen hatte es sich anders vorgestellt.

Es rang nach Worten und fand sie nicht, als plötzlich Zorn und Wut es übermannten. Sie machten ihm die Augen schmal und die Lippen dünn, ließen ihm die Hände beben und die Knie zittern, bis sie mit aller Macht aus ihm herausbrachen. „Steh auf!“, herrschte es das Dürfen an. „So kannst du dich nicht gehen lassen, was bildest du dir ein! Wir Menschen brauchen dich, brauchen deinen Schwung und deine Freude, brauchen die Bestätigung, die du uns gibst. Steh auf und kämpfe und zerfließe nicht in Selbstmitleid! Resignation steht dir nicht!“

Zornestränen versprühte das Menschenkind und packte das Dürfen und zerrte an ihm mit aller Kraft.

Langsam erhob das Dürfen sich, als wachte es auf aus bösem Traum. „Ihr braucht mich?“, fragte es verwundert, und das Menschenkind bejahte und erklärte wortreich, wie wichtig das Dürfen für die Menschen, für das Wachsen und Reifen und das Sich-selber-Kennenlernen und was weiß ich noch alles sei.
Und es wird erzählt, dass sie noch lange zusammenstanden und redeten und Pläne schmiedeten, und dabei manchmal kicherten wie kleine Kinder.

Das Müssen

***„Und wer bist du?“,
fragte das Menschenkind.***

„Ich bin das Müssen.“ Kläglich klingt es, dachte das Menschenkind. Kläglich und dünn. Dabei müsste das Müssen doch klar und voll und unerbittlich klingen, dachte das Menschenkind.

„Ja, nicht wahr?“, sagte das Müssen, als habe es die Gedanken gehört. „Alle meinen, ich müsste stark sein, und sie mögen mich nicht. Viele verabscheuen mich geradezu. Widerwillen begleitet mich, wohin ich schaue. Dabei gibt es mich in Wahrheit doch gar nicht!“

„Es gibt dich nicht?“, fragte das Menschenkind, ganz und gar verblüfft. Fast hatte es ihm die Sprache verschlagen.

Doch nach einer Weile des Nachdenkens sagte es: „Aber so vieles geschieht doch aus einem Müssen heraus. Viel Gutes zwar - es kann Menschen wohl anspornen, ihr Bestes zu geben. Aber auch viel Schlimmes geschieht durch das Müssen. Menschen werden zu furchtbaren Dingen gezwungen, die ihre Seelen kaputt machen und Leben zerstören. So viel Leid und Unheil werden doch an jedem Tag, zu jeder Stunde, durch ein Müssen hervorgerufen. Und du, du sitzt vor mir wie ein Häufchen Elend und meinst, es gäbe dich in Wahrheit gar nicht?“

Immer leidenschaftlicher, beinahe wütend war die Rede geworden. Herausfordernd blickte es nun das Müssen an.

Dieses nickte langsam, und mit müder Stimme sagte es: „Ja, mein Kind, viele Dinge passieren täglich in meinem Namen. Missbraucht werde ich, um Zwang auszuüben. Aber Menschen akzeptieren mich auch, um Dinge zu erreichen. Sie unterwerfen sich mir. Manche verabscheuen mich und halten trotzdem an mir fest, und lassen mich nicht los, bis sie krank werden vor lauter Ungleichgewicht. Aber ich bin nichts weiter als ein Mittel zum Zweck. Und: jedem „Du-Musst“ kann ein „Nein-ich-muss-Nicht“ entgegengesetzt werden.

Das Menschenkind begann langsam zu verstehen: „Aber: sich einem Müssen zu widersetzen…“ „…hat Konsequenzen“, bestätigte das Müssen. „Diese gilt es zu tragen, zu ertragen. Diese sind es, die mich am Leben halten."

„Du meinst also, Menschen haben immer die Wahl?", staunte das Menschenkind.
„Immer!", nickte das Müssen. „Aber zu oft wählen sich mich, der Einfachheit halber, und hören nicht auf ihr Herz." Verbittert klangen die Worte des Müssens und das Menschenkind ahnte, dass es ein schweres Schicksal trug.

Es dachte nach, ob es ihm wohl helfen könne. Plötzlich blitzten seine Augen auf, und ein wenig verschmitzt sagte es: „Und wenn ich dich nun dem Wollen vorstellte – denkst du, Ihr könntet Freunde werden?"

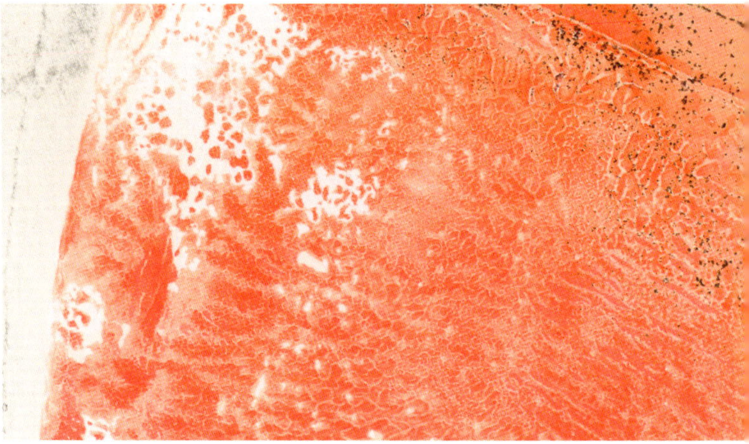

Die Verantwortung

„Und wer bist du?“,
fragte das Menschenkind.

„Ich bin die Verantwortung.“ Die Stimme, die das sagte, klang wichtig. Und groß. Und essenziell. Das Menschenkind richtete sich auf und machte ein ernstes Gesicht. Es ahnte, dass diese Begegnung von tiefer Bedeutung sein werde.

„Groß bist du geworden“, sagte die Stimme. „Du kennst mich?“, staunte das Menschenkind. „Aber ja! Doch bislang nur von gegenüber.“ „Äh – das heißt?“ Das Menschenkind war verwirrt.

„Nun“, begann die Verantwortung, „bisher trug mich jemand anders für dich. Du warst zu klein, um mich selbst zu tragen und Entscheidungen zu treffen. Doch nun ist es an der Zeit, dass du mich zu dir nimmst und festhältst und mich nicht mehr gehen lässt aus Herz, Gefühl, Verstand. Und lass nicht zu, dass mich dir jemand wegnimmt.“

Das Menschenkind hatte gut zugehört: „Muss ich denn verstehen, was du mir jetzt gesagt hast?“ „Nein, mein Kind, das kannst du gar nicht. Doch höre zu und tu‘, was ich dir sage. Die wahre Bedeutung werden dir die Jahre zeigen.“

„Aber was“, fragte das Menschenkind weiter, „was, wenn ich dich doch aus meinen Händen gebe, aus Herz, Gefühl, Verstand?“

„Dann, mein Kind“, sagte sacht die Verantwortung, „dann gibst du auch dein Glück aus deinen Händen. Abhängig machst du dich und dein Wohlergehen von ander‘n Menschen. Tu das nicht! Und nimm niemals – hör zu! – niemals mich zu dir, wenn ich eines ander‘n Menschen bin, der deiner ebenbürtig ist. Nicht mit Liebe, nicht mit Schlägen, nicht mit hinterlist’gen Machenschaften lass dich dazu treiben. Ein jeder – hörst du? – eine jede muss mich selber tragen, muss tief im Inner‘n selber für sich sorgen, für sein, ihr Wohlergeh’n.“

„Aber…“, das Menschenkind dachte nach, „aber ich hörte, dass Menschen, die in besonderer Verbindung zueinander stehen, Verantwortung auch füreinander tragen.“ „Natürlich hast du recht, mein Kind. Sie tragen die Verantwortung, das Ihrige zu tun, um das, was sie verbindet, zu hegen und zu pflegen und nicht in Gefahr zu bringen. Doch die größte Verantwortung ist, dass sie sie selber bleiben. Sich nicht mit Haut und Haar dem anderen verschreiben."

„Und ich hörte", sagte weiter das Menschenkind, „dass man im Leben auch sonst ganz viel Verantwortung zu tragen hat."

„Wie recht du wieder hast!", erwiderte da die Verantwortung. „Auch das werden dir die Jahre zeigen. Aber vergiss niemals: Für dich trage mich stets selber. Für andere und anderes gib acht, urteile streng und sei stets konsequent. Trage nur, was du auch tragen kannst und tragen darfst. Hör in dich hinein. Du alleine kannst und wirst es wissen. Nur du allein. Und eines noch, mein Kind: Missbrauch mich nicht. Hörst du? Missbrauch mich nie, schon gar nicht, wenn ich eines, einer ander'n bin."

Der Schmerz

„Und wer bist du?“, fragte das Menschenkind.

Vorsichtig fragte es. „Ich bin…“, antwortete eine tränenerstickte Stimme. „Du bist?“, wiederholte das Menschenkind bang.

„Ich bin der Schmerz.“ Das Menschenkind sank zu Boden, vollkommen und grausam durchflutet von dem, was war, und barg das Gesicht in seinen kleinen Händen. Es fühlte ihn durch und durch, den Schmerz, konnte nicht denken, noch sich bewegen. Ein Wort nur formte sich. Ein Wort nur stieß es in einem Aufschrei hervor: „Warum?“

Der Schmerz sprach mit einer Stimme voll Wehklagen, und doch tröstend zugleich: „Sei mir nicht gram, mein Kind. Ja, ich bin der Schmerz, so wie du mich fühlst. Aber ich kann auch Gutes tun. Ich lasse Menschen innehalten in dem Augenblick, da sie mich spüren. So bewahre ich sie vor größerem Unheil.“

„Aber“, schluchzte das Menschenkind, „ich spüre dich nicht nur in meinen Gliedern. Ich spüre dich in meinem Herz, in meiner Seele, im Denken, im Fühlen!“ „Und daran spürst du, dass du lebst“, antwortete sanft der Schmerz. „Aber das Leben sagte, es sei nur das Leben, nichts weiter!“, schrie verzweifelt das Menschenkind.

„Und es hatte recht!“, sagte traurig der Schmerz. „Aber so vieles geht mit ihm einher. Im Leben gibt es nicht nur das Gute, sondern genauso mich. Mach es nicht wie jene, die sich einen Panzer zulegen, mich überdecken, verleugnen, zur Seite schieben. Denn glaube mir, der Panzer hält auch die Freude ab, und die Liebe, und das Staunen. Ich aber möchte begleiten, möchte Aufgabe sein und Menschen wachsen lassen in ihrem Sein. Erst wenn sie mich hinter sich gelassen, erkennen sie meinen Wert.“

„Selbst ein Augenblick, da die Welt über dir zusammenbricht, kann am Ende Fülle bringen“, erinnerte das Menschenkind sich schmerzlich an die Worte der Bereicherung.

„Ja!“, pflichtete der Schmerz ihm bei. „Mich findest du an vielen Plätzen.“ „Auch bei der Liebe?“ „Oft ganz besonders da!“ „Auch im Loslassen, im Annehmen, im Abschied?“ „Ja, auch da. Und in der Angst, in der Sehnsucht, in der Unsicherheit, in der Verantwortung, in der Enge, und manchmal sogar in der Harmonie. Ich bin verdammt, jeden Menschen zu begleiten, zumindest kurze Stücke seines Lebens, irgendwann. Aber es gibt auch jene, die mich danach nicht gehen lassen, mich festhalten, sich meiner brüsten. Opfer sind sie und Opfer wollen sie sein, und Menschen um sie herum damit im Zaume halten. Manche laut schreiend und voller Zorn, andere still leidend und tränenreich. Mach es auch nicht wie sie, mein Kind. Lass mich los, wenn die Zeit gekommen."

Das Menschenkind kauerte noch immer am Boden, durchflutet vom Schmerz, und voller Angst.

„Komm!", sagte der Schmerz und reichte ihm die Hand. „Steh auf und geh durch mich hindurch. Und sei wieder du selbst - mehr denn je!"

Die Angst

„Und wer bist du?“, fragte das Menschenkind.

„Ich bin…“ In diesem Augenblick fühlte das Menschenkind etwas Unbeschreibliches, das ihm in die Adern kroch, die Muskeln lähmte, das Herz zum Rasen brachte. So stand es da, in sich gekrümmt, die Hände vors Gesicht geschlagen, zitternd wie Espenlaub.

„Die Angst!“, stieß es hervor. „Nicht wahr, du bist die Angst!“

„Ja, die bin ich. Aber fürchte dich doch nicht vor mir! Gib mir nicht mehr Gewicht als ich habe, nicht mehr Macht als ich besitze!“ Die Stimme – sie klang gar nicht so schlimm.

„Du meinst“, stammelte das Menschenkind, „du meinst, ICH …“ „Sehr wohl!“, antwortete die Angst. „DU bestimmst den Platz, den ich in deinem Leben habe.“ „Aber wie kann ich das verstehen?“, fragte ein wenig hilflos das Menschenkind. „Sieh“, sagte sanft die Angst, „es ist deine Entscheidung. Legst du dich unter mich, erdrück ich dich. Setzt du dich auf mich, beflügle ich dich. Stellst du dich hinter mich, bremse ich dich. Überholst du mich und gehst mir voran, so treibe ich dich an. Umarmst du mich, lähme ich dich. Stößt du mich weg, kann ich dir Kraft und Ansporn sein.“

Das Menschenkind hatte vorsichtig die Hände vom Gesicht genommen. Ein wenig neugierig war es geworden. „Es klingt gut, was du sagst!“, meinte es zögernd. „Aber was war das vorhin, das mich zittern machte?“ „Das war die Schwäche. Hüte dich vor ihr. Stets lauert sie, und komm‘ ich jemand nah, so packt sie ihn und hält ihn fest. Wenn sie dir begegnet, dann weise sie auf ihren Platz. Mich aber lass ein und nutze mich. Halte mich auf Abstand, wo ich dir Antrieb bin, und lass mich näher, wo ich dich schützen kann.“

Das Menschenkind war ruhig geworden. Die Furcht war von ihm gewichen. Es ging einen Schritt auf die Angst zu. Mit großen Augen und offenem Geist betrachtete es sie. „Du bist so stark“, sagte es, „und lässt dich von mir im Zaume halten?“ „Oh ja!“, rief da die Angst. „Wenn ich sehe, dass du stärker bist als ich! Und doch…“ „Ja?“, fragte das Menschenkind. „Und doch werde ich missbraucht. Menschen nutzen mich, um anderen überlegen zu sein. Und immer geht es dabei um Macht und Geld!“ Böse hatte sie diese Worte gesagt, die Angst, aber auch ein wenig hilflos. Das Menschenkind meinte zu erkennen, dass auch hier die Schwäche ihre Hand im Spiel haben müsse.

Und plötzlich fühlte es, dass dies Gespräch der Anfang einer Freundschaft sein konnte. Einer lebenslangen, wunderbaren, wenn auch fordernden und manchmal anstrengenden Freundschaft. Und es freute sich darauf.

Der Tod

„Und wer bist du?“,
fragte das Menschenkind.

„Ich bin der Tod“, sagte eine Stimme. Klar, deutlich, unverschnörkelt. „Aber du klingst gar nicht fürchterlich“, sagte das Menschenkind. „Sollte ich denn?“ „Naja, die Menschen sprechen von dir voll Furcht und sind stets froh, wenn sie sich vor dir sicher glauben.“

„Welch ein Irrglaube!“ Der Tod schien zu schmunzeln. „Die Menschen fürchten mich, dabei kennen sie mich nicht. Ich bin nur ein Augenblick in jedem Leben.“ Das Menschenkind wunderte sich. „Nur ein Augenblick? Und doch beherrschst du die Welt?“

Der Tod lachte auf, aber gleich wurde er ernst: „Mein liebes Kind, ich beherrsche nicht die Welt. Ich bin tatsächlich nur ein Augenblick in jedem Leben. Aber es ist so vieles, was diesem Augenblick vorausgeht, und so vieles, was ihm folgt. Viel Grausames richten Menschen an, holen mich herbei, um andere zu knechten. Denn du hast recht – viele fürchten sich vor mir. Sie fürchten das Nicht-Wissen und das Endgültige. Sie vertrauen mir nicht, wissen nicht, worauf vertrauen. Wie auch, bring‘ ich doch oft Leid und Bitterkeit. Manche fürchten mich sosehr, dass sie mich aus ihren Köpfen bannen, jeden Tag aufs Neue leben, als gäbe es mich nicht. Sie kämpfen, wenn ich ihnen komme, und sterben voll Erstaunen, wenn sie den Kampf verlieren. Andere wieder leben nicht, aus Angst, sie könnten mir begegnen – und so sind sie schon im Leben tot. Aber es gibt auch jene, die keine Angst verspüren, mich herbeisehnen, mich als Erlösung sehen, als Ende und Anfang zugleich. Weißt du, jeder Mensch geht Zeit des Lebens auf mich zu. Jeder auf seine Weise.“

Das Menschenkind hatte aufmerksam zugehört. „Aber“, fragte es nach einer Weile, „aber was ist richtig?“ „Das kann ich dir nicht sagen“, antwortete nachdenklich der Tod. „Ich selber meine dir nichts Schlechtes. Bin nur ein Zähnchen am Rad der Zeit. Leben beginnt und Leben endet. So ist das eben.“ „Aber was ist nun richtig?“, beharrte das Menschenkind.

„Wie könnte ICH dir einen Rat fürs Leben geben?“, meinte da unvermittelt der Tod.

„Nun gut - ich sehe täglich viele Menschen. Und ich sehe, dass am meisten jene Leben gut und glücklich enden, die stets gut und glücklich waren. Doch nicht das Leben urteilt, ob es gut und glücklich war. Es ist allein der Mensch, der meine Nähe spürt und Abschied nimmt."

Das Menschenkind kramte in seinen Erinnerungen. „Ich habe mit dem Leben gesprochen", sagte es. „Ah ja?", rief da der Tod. „Es ist mein Urgrund, meine zweite Hälfte, viel mächtiger als ich. Es ist die wahre Kraft, die die Welt beherrscht." Und bedauernd fuhr er fort: „Bei jedem Lebewesen begegnen wir uns nur ein einziges Mal. Manchmal kommt es wohl in meine Nähe, doch es ist sehr achtsam."

„Ja", bestätigte das Menschenkind, „es hat gesagt, es achte darauf, dass ich ihm nicht verloren gehe. Und es hat gesagt, es ende niemals. Schon gar nicht mit dem Tod. Aber das zu verstehen, brauche die rechte Zeit." Der Tod nickte, mild und weise. Und lächelte.

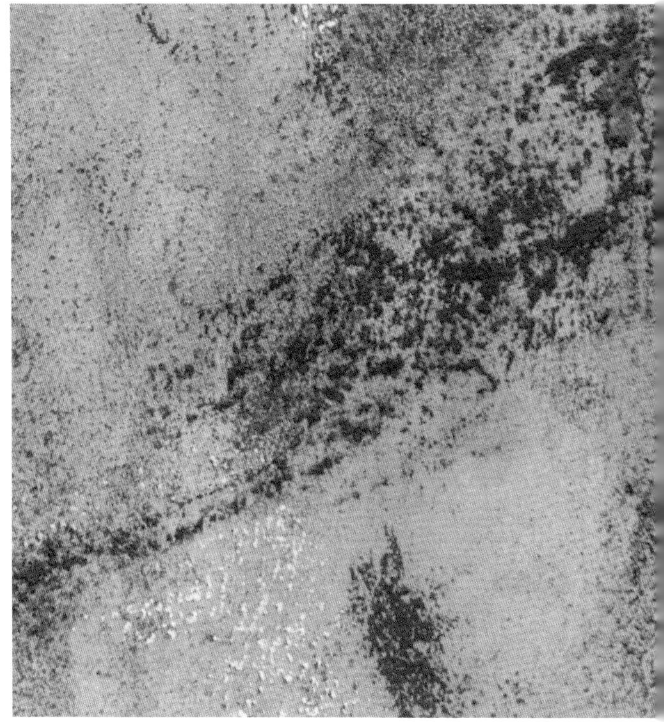

Der Moment

„Und wer bist du?", fragte das Menschenkind.

„Ich bin der Moment", ertönte es. „Wow!", staunte das Menschenkind. „Du klingst, als wärest du das Wichtigste in meinem Leben!"

„Was sollte auch wichtiger sein als jener Moment, in dem du dich befindest?", fragte spontan der Moment. „Naja", überlegte das Menschenkind, „die Vergangenheit…"

„…ist schon vorbei!", antwortete der Moment. „Mmmm - die Zukunft…" „…nichts weiter als ein frommer Wunsch!"

Ein Weilchen brauchte das Menschenkind, um seine Gedanken zu ordnen. Schließlich meinte es: „Vielleicht hast du recht!" „Womit?", hörte es da. „Vielleicht bist du wirklich das Wichtigste in meinem Leben." „Hab ich das gesagt?" „Naja, du sagtest…" Weiter kam es nicht: „Aber nein, das war nicht ich. Vielleicht mein Bruder."

Das Menschenkind wunderte sich: „Bist du denn nicht der Moment?" „Oh doch, der bin ich. Aber ich bin schon der nächste." „Oje!", rief da das Menschenkind. „Ich hätte doch noch mit ihm sprechen wollen!" „Nein, nein!" Der Moment klang sehr bestimmt. „Ein Moment ist unwiederbringlich. Nützt du ihn nicht, so nützt kein Weh und Ach. Er ist verloren."

Langsam begann das Menschenkind zu begreifen. Es suchte nach Worten: „Und darum bist nur du das Wichtigste in meinem Leben?" „Wer hat das gesagt?", wollte eine Stimme wissen, die abermals ein bisschen anders klang.

„Na du! Oder wiederum ein Bruder?" Das Menschenkind konnte es kaum fassen. „Ja, der muss es wohl gewesen sein", sagte der neue Moment. „Wie viele gibt es von euch?", fragte neugierig das Menschenkind. „Oh, wir sind ungezählt", antwortete der Moment, „vielleicht unendlich viele." „Und immer nur ganz kurz?", fragte das Menschenkind. „Was meinst du?", hörte es wieder eine andere Stimme.

Langsam gewöhnte das Menschenkind sich daran. „Ist jeder Moment immer nur ganz kurz?“, wiederholte es geduldig. „Gute Frage…“, der Moment hielt inne. „Ich denke schon. Doch können wir quälend lang erscheinen. Nur - meistens gehen wir vorüber, ohne entdeckt zu werden.“

„Ist es traurig, wenn du vorübergehst und niemand bemerkt dich?“, fragte das Menschenkind nach einer Weile nachdenklich, ein bisschen auch gespannt. Tatsächlich antwortete wieder eine neue Stimme: „Ein bisschen schon. Weil vielleicht gerade ich so wichtig wäre. Und wenn ich wahrgenommen werde, ist es schon zu spät.“

Das Menschenkind war es langsam müde, das Gespräch stets neu zu beginnen. Aber es nahm sich fest vor, ab jetzt jedem Moment seines Lebens seine wahre Bedeutung abzuringen. Zumindest fast jedem. Oder so vielen wie möglich.

Marte KIND
geb. 1965 in Weibern, OÖ., lebt und arbeitet in Linz. Die beiden Kinder sind erwachsen. Berufsbegleitend hat sie ein religionspädagogisches Studium absolviert, das sie mit Petra Lupe zusammenführte. Chorsingen und Chorleiten sind wichtige Fixpunkte in ihrem Leben. Zur Ruhe kommt sie bei langen Spaziergängen im Wald, wo sie ihren Gedanken freien Lauf lassen kann. Sie niederzuschreiben, das liebt sie, solange sie denken kann.
Über ihre Menschenkind-Texte sagt Marte KIND:
„Wenn ich im Wald den Alltag hinter mir gelassen hatte, begann das Menschenkind zu sprechen und trat in Dialog mit dem, was mich an diesem Tag bewegte. Meist konnte ich mitreden, aber manches Gespräch nahm eine überraschende Wendung und fand zu einem Ende, das ich so nicht erwartet hatte."

Petra LUPE
geb. 1972 in Steyr, ist als freischaffende Malerin, Künstlerin der Red Dot Gallery/Salzburg, Kreativtrainerin und Religionspädagogin tätig. Sie lebt mit ihrem Mann und den drei gemeinsamen Kindern in Weyer, OÖ., wo auch der Großteil ihrer Bilder entsteht.
Petra LUPE über ihre Arbeit: „Meine Malerei entspringt einem zutiefst inneren Bedürfnis. Im Malen bin ich ganz bei mir und gleichzeitig außerhalb. Gleichsam göttlichen Raum betretend, beginnt sich die äußere Wirklichkeit zu relativieren, und innere Wahrheit darf an ihrer statt aufsteigen. Nicht selten, wenn es beendet ist – Erstaunen …
… fast scheint es, als hätte EINER - weit über mir – die Hände im Spiel, als hätte ER sich meiner Hände bedient, um im Bild und durch es mit mir zu sprechen."
www.lupe-art.com